Cornelia Haas · Ulrich Renz

Il mio più bel sogno

আমার সবচেয়ে সুন্দর স্বপ্ন

Libro per bambini bilingue

con audiolibro e video online

Traduzione:

Clara Galeati (italiano)

Kuheli Dutta (bengalese)

Audiolibro e video:

www.sefa-bilingual.com/bonus

Accesso gratuito con la password:

italiano: **BDIT1829**

bengalese: **BDBN1123**

Lulù non riesce ad addormentarsi. Tutti gli altri stanno già sognando – lo squalo, l'elefante, il topolino, il drago, il canguro, il cavaliere, la scimmia, il pilota. E il leoncino. Anche all'orso stanno crollando gli occhi …

Ehi orso, mi porti con te nel tuo sogno?

লুলুর ঘুম আসছে না। অন্য সবাই ইতিমধ্যে স্বপ্ন দেখছে - হাঙ্গর, হাতি, ছোট ইঁদুর, ড্রাগন, ক্যাঙ্গারু নাইট, বানর, পাইলট এবং সিংহ শাবক। এমনকি ভালুকেরও চোখ খোলা রাখতে কষ্ট হচ্ছে …

আরে ভালুক, তুমি কি আমাকে তোমার স্বপ্নে নিয়ে যাবে?

E così Lulù è già nel paese dei sogni degli orsi. L'orso cattura pesci nel lago Tagayumi. E Lulù si chiede chi potrebbe mai vivere là su quegli alberi? Quando il sogno è finito, Lulù vuole provare qualcos'altro. Vieni, andiamo a trovare lo squalo! Che cosa starà sognando?

এবং সেই সঙ্গে, লুলু নিজেকে ভালুকের স্বপ্নভূমিতে আবিষ্কার করে। ভালুক টাগায়ুমি হ্রদে মাছ ধরে। আর লুলু ভাবে, উপরের গাছগুলোতে কে থাকতে পারে?

স্বপ্ন শেষ হলে, লুলু আরেক দুঃসাহসিক অভিযানে যেতে চায়। চল, হাঙ্গরকে দেখতে যাই! সে কিসের স্বপ্ন দেখছে?

Lo squalo sta giocando ad acchiapparella con i pesci. Finalmente ha degli amici! Nessuno ha paura dei suoi denti aguzzi.

Quando il sogno è finito, Lulù vuole provare qualcos'altro. Venite, andiamo a trovare l'elefante! Che cosa starà sognando?

হাঙ্গর মাছের সঙ্গে ছোঁয়াছুঁয়ি খেলছে। অবশেষে সে কিছু বন্ধু পেয়েছে! কেউ তার তীক্ষ্ণ দাঁত ভয় পাচ্ছে না।
স্বপ্ন শেষ হলে, লুলু আরেক দু:সাহসিক অভিযানে যেতে চায়। চল, হাতিকে দেখতে যাই! সে কিসের স্বপ্ন দেখছে?

L'elefante è leggero come una piuma e può volare! Sta per atterrare sul prato celeste.

Quando il sogno è finito, Lulù vuole provare qualcos'altro. Venite, andiamo a trovare il topolino! Che cosa starà sognando?

হাতি পালকের মত হালকা এবং উড়তে পারে! সে আকাশমণ্ডলীয় ঘাসভূমির উপর অবতরণ করতে চলেছে।

স্বপ্ন শেষ হলে, লুলু আরেক দু:সাহসিক অভিযানে যেতে চায়। চল, নেংটি ইঁদুরকে দেখতে যাই! সে কিসের স্বপ্ন দেখছে?

Il topolino sta guardando la fiera. Gli piacciono particolarmente le montagne russe.

Quando il sogno è finito, Lulù vuole provare qualcos'altro. Venite, andiamo a trovare il drago! Che cosa starà sognando?

নেংটি ইঁদুর মেলা দেখছে। তার নাগরদোলা সবচেয়ে বেশি পছন্দ।
স্বপ্ন শেষ হলে, লুলু আরেক দুঃসাহসিক অভিযানে যেতে চায়। চল, ড্রাগনকে দেখতে যাই! সে কিসের স্বপ্ন দেখছে?

Il drago, a furia di sputare fuoco, ha sete. Gli piacerebbe bersi l'intero lago di limonata.

Quando il sogno è finito, Lulù vuole provare qualcos'altro. Venite, andiamo a trovare il canguro! Che cosa starà sognando?

ড্রাগন আগুন বের করে তৃষ্ণার্ত। সে পুরো লেবুর শরবতের হ্রদ পান করতে চায়। স্বপ্ন শেষ হলে, লুলু আরেক দু:সাহসিক অভিযানে যেতে চায়। চল, ক্যাঙ্গারুকে দেখতে যাই! সে কিসের স্বপ্ন দেখছে?

Il canguro sta saltando nella fabbrica di dolciumi e si riempe il marsupio.
Ancora caramelle blu! E ancora lecca-lecca! E cioccolata!
Quando il sogno è finito, Lulù vuole provare qualcos'altro. Venite, andiamo a trovare il cavaliere! Che cosa starà sognando?

ক্যাঙ্গারু ক্যান্ডি কারখানার চারপাশে লাফিয়ে চলে এবং তার থলি ভরাট করে। এমনকি নীল মিষ্টি আরো! এবং আরো ললিপপস! এবং চকোলেট!
স্বপ্ন শেষ হলে, লুলু আরেক দুঃসাহসিক অভিযানে যেতে চায়।চল, নাইটকে দেখতে যাই! সে কিসের স্বপ্ন দেখছে?

Il cavaliere sta facendo una battaglia di torte con la principessa dei suoi sogni. Oh! La torta alla panna va nella direzione sbagliata!
Quando il sogno è finito, Lulù vuole provare qualcos'altro. Venite, andiamo a trovare la scimmia! Che cosa starà sognando?

নাইট তার স্বপ্নের রাজকুমারীর সঙ্গে কেকযুদ্ধ করছে। ওহো! মিশ্রিত ক্রিম কেক ভুল পথে চলে গেছে!
স্বপ্ন শেষ হলে, লুলু আরেক দু:সাহসিক অভিযানে যেতে চায়।চল, বানরকে দেখতে যাই! সে কিসের স্বপ্ন দেখছে?

Finalmente ha nevicato in Scimmialandia! L'intera combriccola di scimmie non sta più nella pelle e si comportano tutte come in una gabbia di matti. Quando il sogno è finito, Lulù vuole provare qualcos'altro. Venite, andiamo a trovare il pilota! In che sogno potrebbe essere atterrato?

অবশেষে বানরভূমিতে তুষারপাত হয়েছে। পুরো বানরের ঝাঁক আত্মহারা হয়ে গেছে এবং বানরোচিত কাজে লিপ্ত হচ্ছে।

স্বপ্ন শেষ হলে, লুলু আরেক দুঃসাহসিক অভিযানে যেতে চায়। চল, বিমানচালককে দেখতে যাই! সে কিসের স্বপ্ন দেখছে?

Il pilota vola e vola ancora. Fino ai confini della terra e ancora più lontano, fino alle stelle. Non ce l'ha fatta nessun altro pilota.
Quando il sogno è finito, sono già tutti molto stanchi e non vogliono più continuare a provare così tanto. Però il leoncino, vogliono ancora andare a trovarlo. Che cosa starà sognando?

বিমানচালক উড়ে এবং উড়তেই থাকে। পৃথিবীর শেষ প্রান্তে, এমনকি আরও দূরে, তারার উপর পর্যন্ত। অন্য কোন বিমানচালক এখনও যা পারেনি।

স্বপ্ন শেষ হলে সবাই খুব ক্লান্ত হয়ে পড়ে এবং আর বেশি অভিযানে যাওয়ার ইচ্ছে থাকে না। কিন্তু তারা এখনও সিংহশাবককে দেখতে যেতে চায়। সে কিসের স্বপ্ন দেখছে?

Il leoncino ha nostalgia di casa e vuole tornare nel caldo, accogliente letto.
E gli altri pure.

E là inizia ...

সিংহশাবকের বাড়ির জন্য মন খারাপ এবং উষ্ণ, আরামদায়ক বিছানায় ফিরে যেতে চায়।
এবং অন্যরাও।

এবং এইভাবে শুরু হয় ...

... il più bel sogno
di Lulù.

... লুলুর
সবচেয়ে সুন্দর স্বপ্ন।

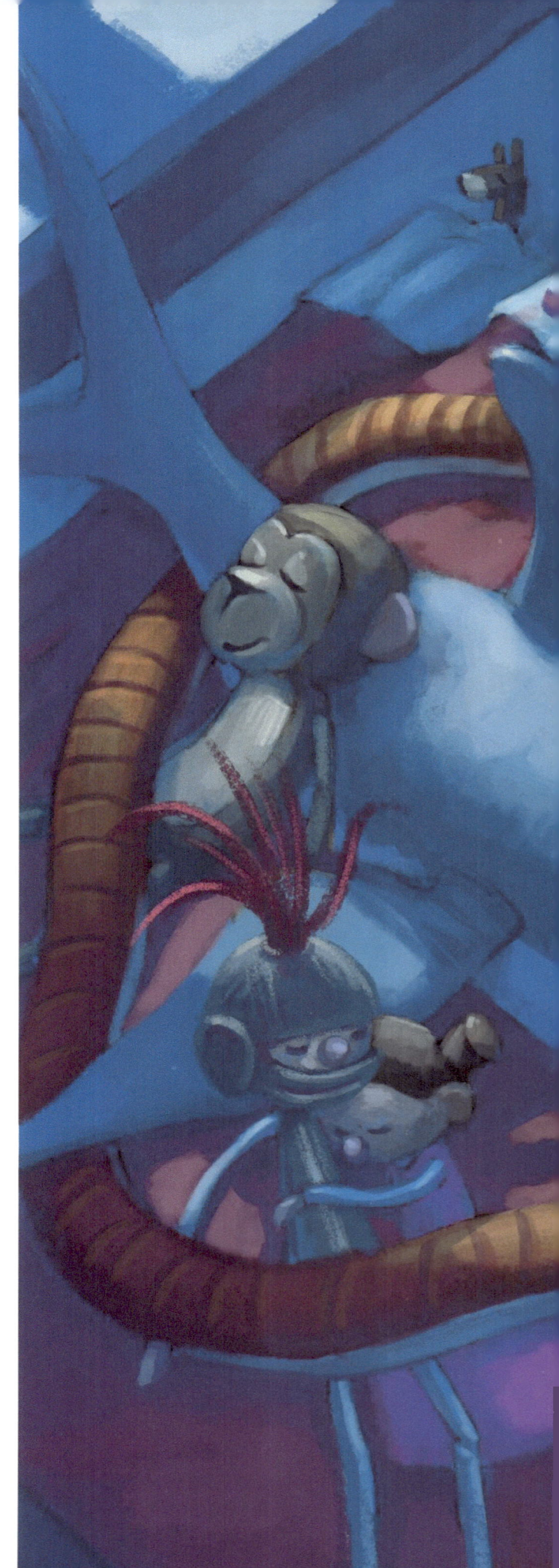

Gli autori

Cornelia Haas è nata nel 1972 vicino ad Augusta (Germania). Ha studiato design all'Università di Scienze Applicate di Münster e si è laureata in design. Dal 2001 illustra libri per bambini e ragazzi e dal 2013 insegna pittura acrilica e digitale all'Università di Scienze Applicate di Münster.

Ulrich Renz è nato a Stoccarda nel 1960. Dopo aver studiato letteratura francese a Parigi, ha completato gli studi di medicina a Lubecca e ha lavorato come direttore in una casa editrice scientifica. Oggi Renz è un autore indipendente e scrive libri per bambini e ragazzi oltre a libri di saggistica.

Ti piace disegnare?

Qui puoi trovare tutte le immagini della storia da colorare:

www.sefa-bilingual.com/coloring

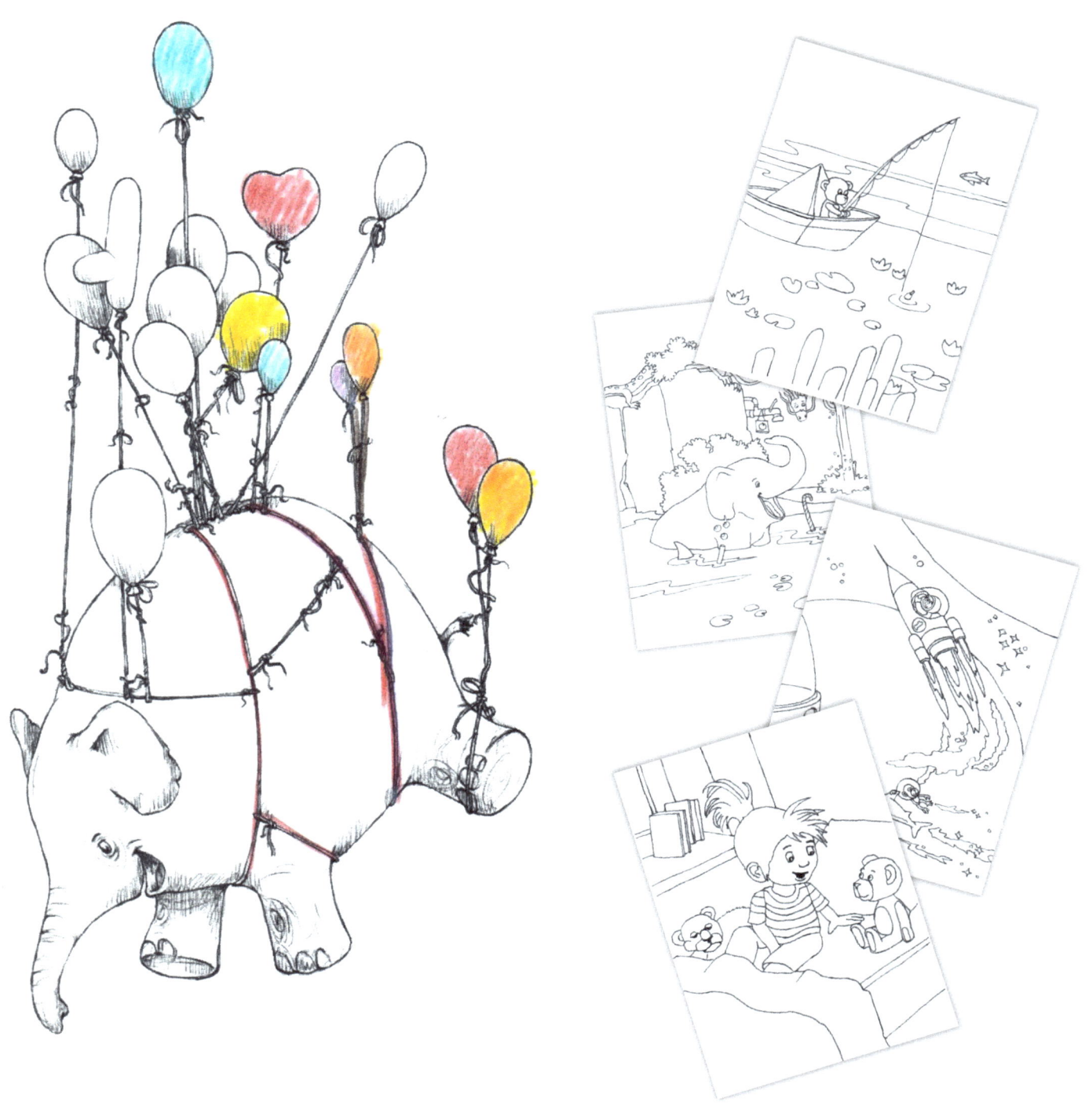

Dormi bene, piccolo lupo

Per bambini dai 2 anni in su

con audiolibro e video online

Tim non riesce ad addormentarsi. Il suo piccolo lupo è sparito! Forse lo ha dimenticato fuori?
Tim si allontana tutto solo nella notte – e inaspettatamente riceve compagnia...

Disponibile nelle vostre lingue?

► Consultate il nostro „Assistente di lingue":

www.sefa-bilingual.com/languages

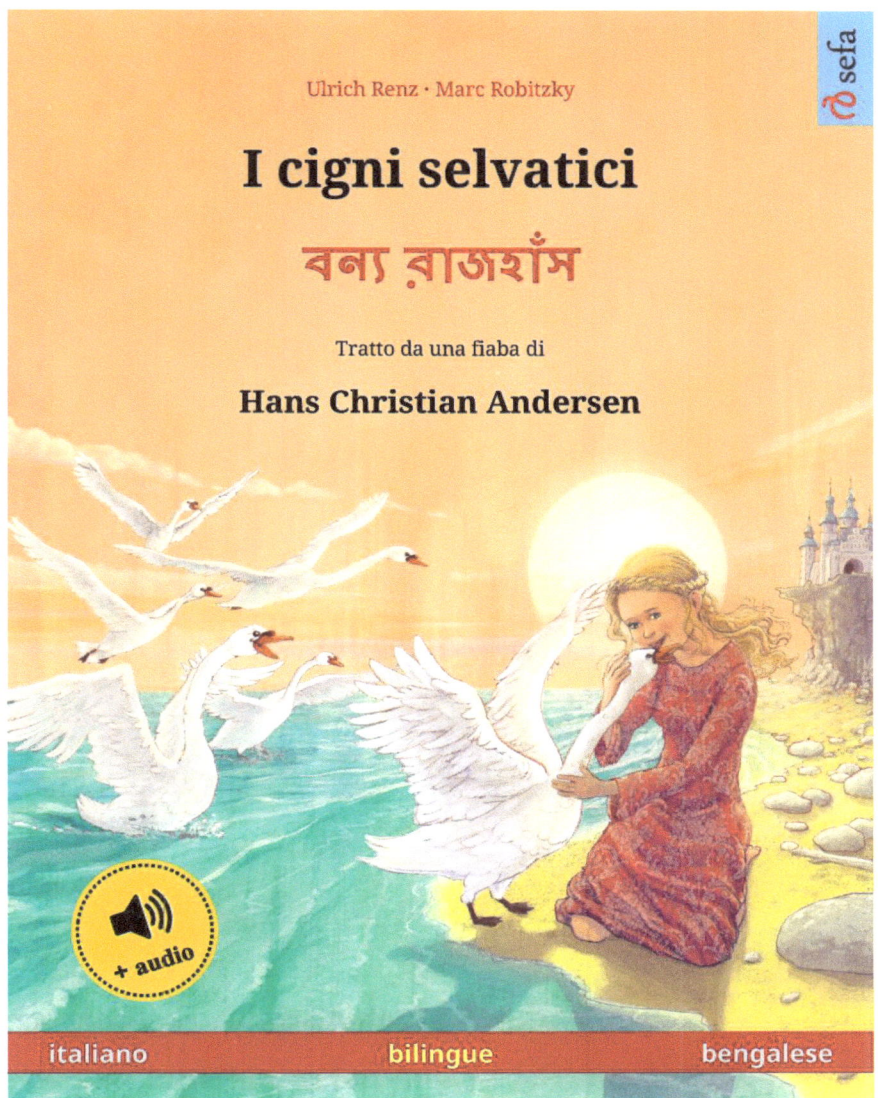

I cigni selvatici

Tratto da una fiaba di Hans Christian Andersen

Per bambini dai 4-5 anni in su

„I cigni selvatici" di Hans Christian Andersen è, per ottime ragioni, una delle fiabe più popolari al mondo. In una forma senza tempo, tratta i temi del dramma umano: paura, coraggio, amore, tradimento, separazione e ricongiungimento.

Disponibile nelle vostre lingue?

▶ Consultate il nostro „Assistente di lingue":

www.sefa-bilingual.com/languages

© 2024 by Sefa Verlag Kirsten Bödeker, Lübeck, Germany

www.sefa-verlag.de

Special thanks for his IT support to our son, Paul Bödeker, Freiburg, Germany

All rights reserved. No part of this book may be reproduced without the written consent of the publisher

ISBN: 9783739963310

www.ingramcontent.com/pod-product-compliance
Lightning Source LLC
LaVergne TN
LVHW070452080526
838202LV00035B/2809